école - мәктәп	2
voyage - сәяхәт	5
transport - транспорт	8
ville - шәһәр	10
paysage - ландшафт	14
restaurant - ресторан	17
supermarché - супермаркет	20
boissons - эчемлекләр	22
aliments - азык	23
ferme - ферма	27
maison - йорт	31
salle de séjour - кунак бүлмәсе	33
cuisine - аш бүлмәсе	35
salle de bains - ванна бүлмәсе	38
chambre d'enfant - балалар бүлмәсе	42
vêtements - кием	44
bureau - офис	49
économie - икътисад	51
professions - профессияләр	53
outils - кораллар	56
instruments de musique - музыкаль инструментлар	57
zoo - зоопарк	59
sports - спорт төрләре	62
activités - хәрәкәт	63
famille - гаилә	67
corps - тән	68
hôpital - хастаханә	72
urgence - кичектергесез хәл	76
Terre - җир	77
heure - сәгать	79
semaine - атна	80
année - ел	81
formes - формалар	83
couleurs - төсләр	84
opposés - капма-каршылыклар	85
nombres - саннар	88
langues - телләр	90
qui / quoi / comment - кем / нәрсә / ничек	91
où - кайда	92

Impressum
Verlag: BABADADA GmbH, Nedderfeld 112 , 22529 Hamburg
Geschäftsführer / Verlagsleitung: Harald Hof
Druck: Books on Demand GmbH, In de Tarpen 42, 22848 Norderstedt

Imprint
Publisher: BABADADA GmbH, Nedderfeld 112 , 22529 Hamburg, Germany
Managing Director / Publishing direction: Harald Hof
Print: Books on Demand GmbH, In de Tarpen 42, 22848 Norderstedt

école
мәктәп

diviser / бүлү
186/2
tableau / такта
salle de classe / сыйныф бүлмәсе
cour d'école / мәктәп ишегалдысы
enseignant / укытучы
papier / кәгазь
stylo / ручка
bureau de travail / язу өстәле
écrire / язу
règle / линейка
livre / китап
écolier / укучы

sac d'écolier

букча

trousse

пенал

crayon

каләм

taille-crayon

каләм очлагыч

gomme à effacer

бетергеч

bloc de papier à dessin

рәсем ясау өчен альбом

dessin

рәсем

pinceau

кисточка

boîte de peintures

буяулар тартмасы

ciseaux

кайчы

colle

җилем

cahier d'exercices

дәфтәр

devoirs

өйгә эш

chiffre

сан

additionner

кушу

soustraire

алу

multiplier

тапкырлау

calculer

исәпләү

lettre

хәреф

alphabet

алфавит

mot

сүз

école - мәктәп

texte
текст

lire
уку

craie
акбур

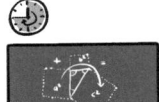
leçon
дәрес

le cahier de notes
сыйныф журналы

examen
имтихан

certificat
диплом

uniforme scolaire
мәктәп формасы

éducation
мәгариф

encyclopédie
энциклопедия

université
университет

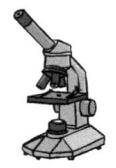
microscope
микроскоп

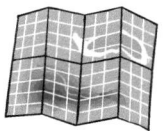
carte
карта

corbeille à papier
кәгазь өчен кәрҗин

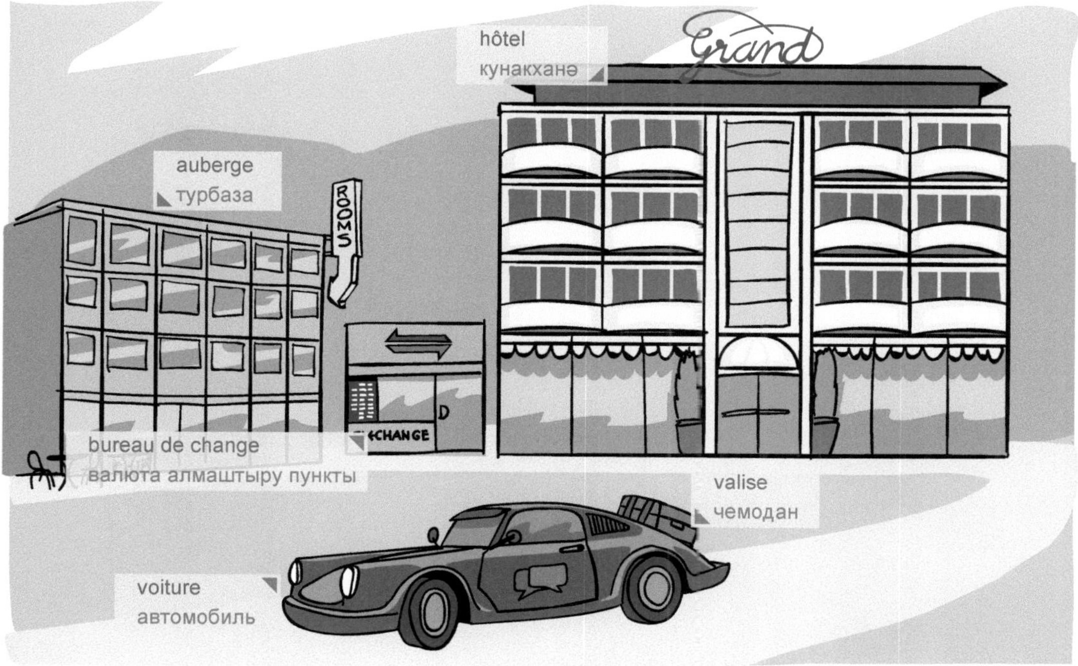

voyage
сәяхәт

hôtel
кунакханә

auberge
турбаза

bureau de change
валюта алмаштыру пункты

valise
чемодан

voiture
автомобиль

langue
тел

oui / non
әйе / юк

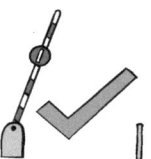

Okay
яхшы

Allo!
сәлам

traducteur
тәрҗемәче

Merci
Рәхмәт

Combien coûte...?
Күпме тора...?

Je ne comprends pas
Мин аңламыйм

problème
проблема

Bonsoir !
Хәерле кич!

Bonjour !
Хәерле иртә!

Bonne nuit !
Тыныч йокы!

bye bye
хушыгыз

direction
юнәлеш

bagages
багаж

sac
букча

sac à dos
рюкзак

invité
кунак

pièce
бүлмә

sac de couchage
йоклар өчен капчык

tente
палатка

voyage - сәяхәт

bureau d'information touristique

туристик мәгълүмат

plage

пляж

carte de crédit

кредит картасы

déjeuner

иртәнге аш

dîner

төш

souper

кичке аш

billet

билет

ascenceur

лифт

timbre

почта маркасы

frontière

чик

douane

таможня

ambassade

илчелек

visa

виза

passeport

паспорт

voyage - сәяхәт

transport
транспорт

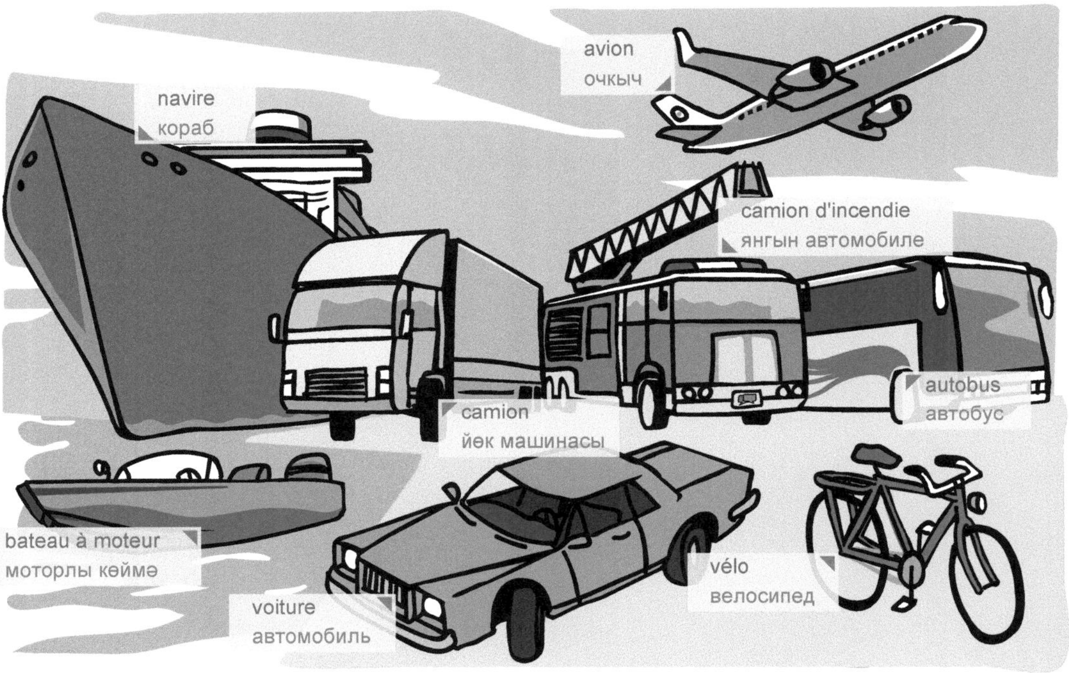

avion
очкыч

navire
кораб

camion d'incendie
янгын автомобиле

autobus
автобус

camion
йөк машинасы

bateau à moteur
моторлы көймә

vélo
велосипед

voiture
автомобиль

traversier

паром

bateau

көймә

motocyclette

мотоцикл

voiture de police

полиция автомобиле

voiture de course

узыш автомобиле

voiture de location

вакытлыча алып торган автомобиль

autopartage

Автомобильләр белән уртак файдалану

dépanneuse

буксирлау автомобиле

camion à ordures

чүп ташучы

moteur

двигатель

carburant

ягулык

station-service

заправка

panneau de signalisation

юл билгесе

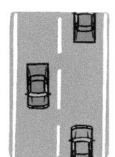

circulation

хәрәкәт

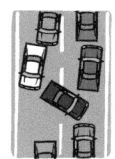

embouteillage

бөке

parc de stationnement

автомобиль тукталышы

gare

вокзал

voies ferrées

рельслар

train

поезд

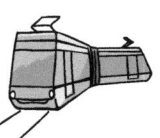

tramway

трамвай

wagon

вагон

transport - транспорт

hélicoptère
вертолет

aéroport
аэропорт

tour
каланча

passager
юлчы

conteneur
контейнер

boîte en carton
тартма

chariot
арба

panier
кәрзинкә

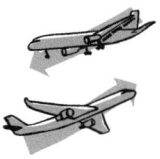
décoller / atterrir
очу / җиргә төшү

ville
шәһәр

village
авыл

centre-ville
шәһәр үзәге

maison
йорт

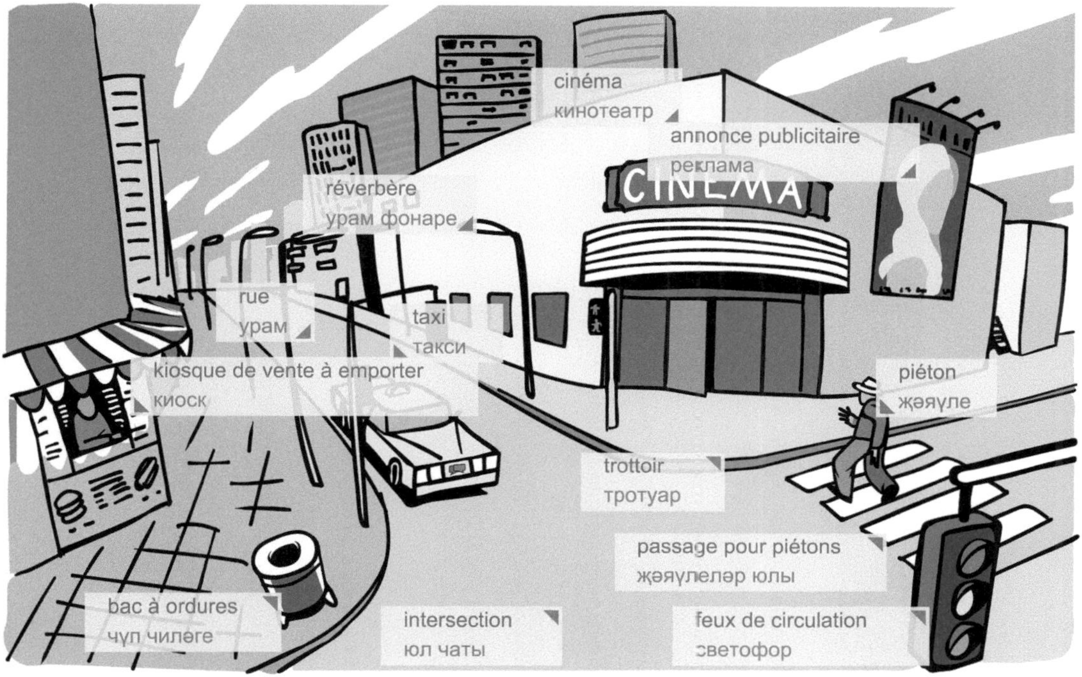

cinéma
кинотеатр

annonce publicitaire
реклама

réverbère
урам фонаре

rue
урам

taxi
такси

kiosque de vente à emporter
киоск

piéton
җәяүле

trottoir
тротуар

passage pour piétons
җәяүлеләр юлы

bac à ordures
чүп чиләге

intersection
юл чаты

feux de circulation
светофор

cabane

алачык

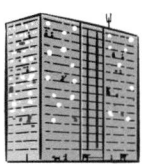

appartement

фатир

gare

вокзал

hôtel de ville

ратуша

musée

музей

école

мәктәп

ville - шәһәр

université

университет

banque

банк

hôpital

хастаханә

hôtel

кунакханә

pharmacie

даруханә

bureau

офис

librairie

китап кибете

magasin

кибет

fleuriste

чәчәк кибете

supermarché

супермаркет

marché

базар

grand magasin

универмаг

poissonnerie

балык кибете

centre commercial

сәүдә үзәге

port

порт

ville - шәһәр

parc

парк

banc

эскәмия

pont

күпер

escaliers

баскыч

métro

метро

tunnel

тоннель

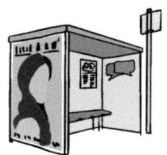

arrêt d'autobus

автобус тукталышы

bar

бар

restaurant

ресторан

boîte à lettres

почта тартмасы

plaque de rue

урам исеме язылган такта

parcomètre

паркометр

zoo

зоопарк

bains publics

бассейн

mosquée

мәчет

ville - шәһәр

ferme
ферма

pollution
әйләнә-тирә мохитне пычрату

cimetière
зират

église
чиркәү

aire de jeux
балалар мәйданчыгы

temple
гыйбадәтханә

paysage
ландшафт

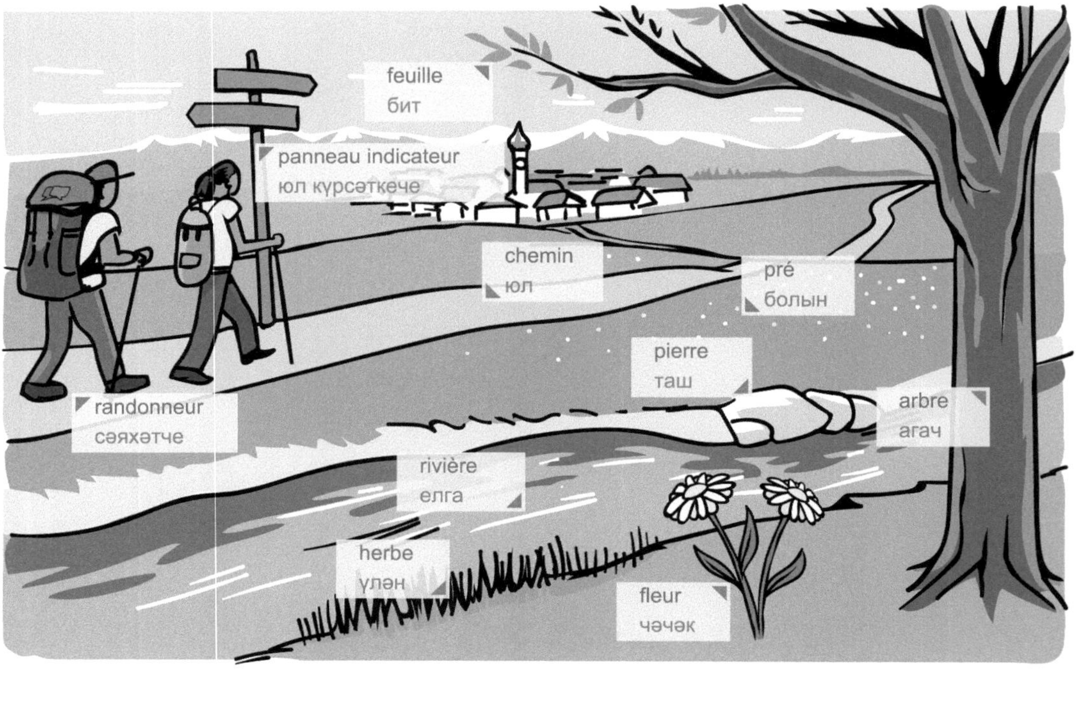

feuille — бит
panneau indicateur — юл күрсәткече
chemin — юл
pré — болын
pierre — таш
arbre — агач
randonneur — сәяхәтче
rivière — елга
herbe — үлән
fleur — чәчәк

vallée
үзән

colline
тау

lac
күл

forêt
урман

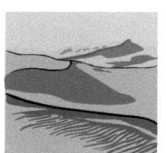

désert
чүл

volcan
вулкан

château
йозак

arc-en-ciel
салават күпере

champignon
гөмбә

palmier
пальма

moustique
черки

mouche
чебен

fourmi
кырмыска

abeille
корт

araignée
үрмәкүч

paysage - ландшафт

scarabée
коңгыз

grenouille
бака

écureuil
тиен

hérisson
керпе

lièvre
куян

chouette
ябалак

oiseau
кош

cygne
аккош

sanglier
кабан дуңгызы

cerf
болан

orignal
поши

barrage
буа

éolienne
җил генераторы

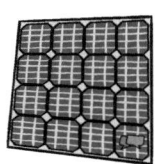

panneau solaire
кояш батареясы

climat
климат

paysage - ландшафт

restaurant
ресторан

serveur
официант

menu
меню

chaise
утыргыч

soupe
аш

pizza
пицца

coutellerie
ашханә приборлары

nappe
ашъяулык

hors-d'œuvre
кабымлык

plat principal
төп ашамлык

dessert
десерт

boissons
эчемлекләр

aliments
азык

bouteille
шешә

restaurant - ресторан

restauration rapide

фастфуд

cuisine de rue

урам ризыгы

théière

чәйнек

sucrier

шикәр савыты

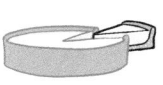

part

күләм

machine à expresso

кофе кайнаткыч

chaise haute d'enfant

балалар урындыгы

facture

исәпләү

plateau

поднос

couteau

пычак

fourchette

чәнечке

cuillère

кашык

cuillère à thé

чәй кашыгы

serviette

салфетка

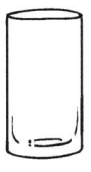

verre

стакан

restaurant - ресторан

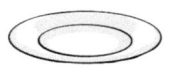

assiette

тәлинкә

assiette creuse

аш тәлинкәсе

soucoupe

чәй тәлинкәсе

sauce

соус

salière

тоз савыты

moulin à poivre

борыч ваклагыч

vinaigre

серкә

huile

сыек май

épices

тәмләткеч

ketchup

кетчуп

moutarde

горчица

mayonnaise

майонез

restaurant - ресторан

supermarché

супермаркет

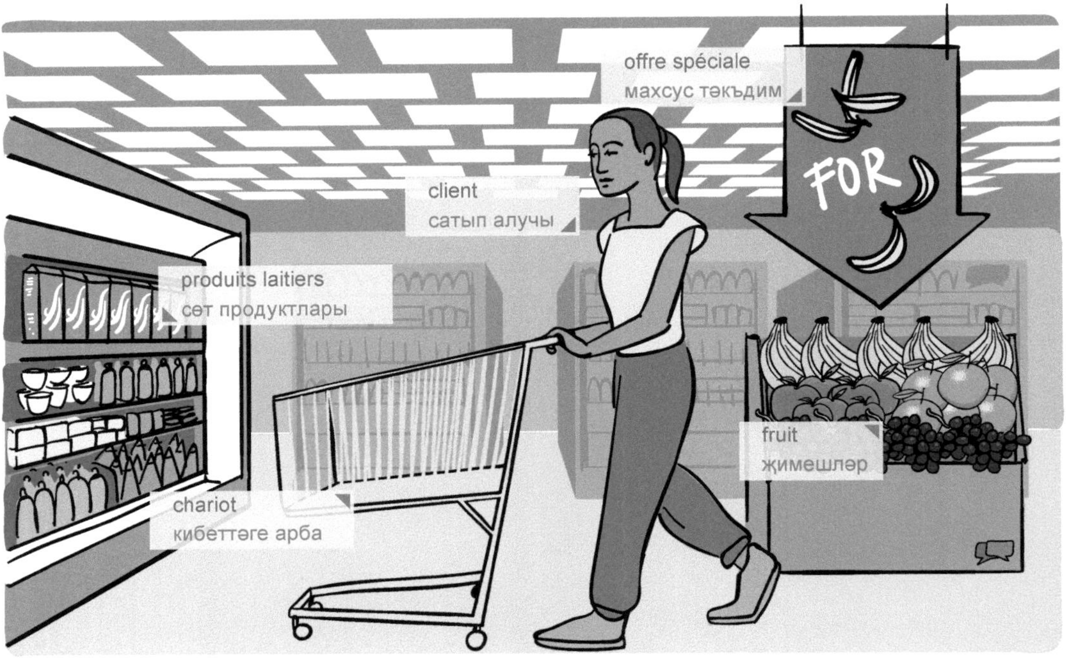

offre spéciale
махсус тәкъдим
FOR
client
сатып алучы
produits laitiers
сөт продуктлары
fruit
җимешләр
chariot
кибеттәге арба

BUTCHERS

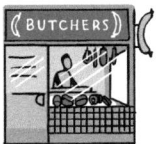

boucherie

ит кибете

BAKERY

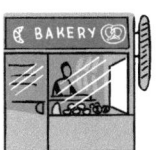

boulangerie

икмәк пешерү йорты

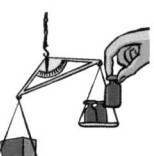

peser

килү

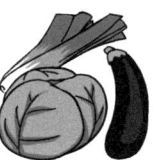

légumes

яшелчә

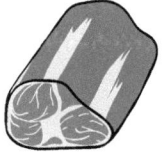

viande

ит

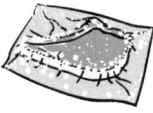

aliments congelés

туңдырылган продуктлар

viandes froides
кисәкле ит

conserves
консервалар

détergent à lessive en poudre
кер юу порошогы

sucreries
тәм-томнар

produits d'entretien ménager
көнкүреш җиһазлары

produits d'entretien
юу әйбере

vendeuse
хатын-кыз сатучы

caisse
касса

caissier
кассир

liste de provisions
сатып алган әйберләрнең исемлеге

heures d'ouverture
эш вакыты

portefeuille
бумажник

carte de crédit
кредит картасы

sac
букча

sac plastique
полиэтилен пакет

supermarché - супермаркет

boissons
эчемлекләр

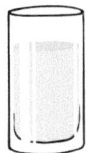

eau

су

jus

сок

lait

сөт

cola

кока-кола

vin

шәраб

bière

сыра

alcool

хәмер

cacao

какао

thé

чәй

café

кофе

expresso

эспрессо

cappuccino

капучино

aliments
азык

banane
банан

pomme
алма

orange
әфлисун

melon d'eau
карбыз

citron
лимон

carotte
кишер

ail
сарымсак

bambou
бамбук

oignon
суган

champignon
гөмбә

noix
чикләвекләр

nouilles
токмач

spaghettis
спагетти

riz
дөге

salade
салат

frites
чипсы

pommes de terre sautées
кыздырылган бәрәңге

pizza
пицца

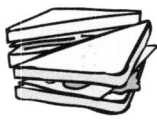

hamburger
гамбургер

sandwich
сэндвич

escalope
котлет

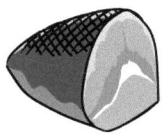

jambon
ветчина

salami
салями

saucisse
сосиска

poulet
тавык

rôti
кыздырма

poisson
балык

gruau d'avoine
солы кисәкләре

muesli
мюсли

flocons de maïs
кукуруз кисәкләре

farine
он

croissant
круассан

petit pain
булка

pain
икмәк

rôtie
тост

biscuits
печенье

beurre
май

caillé
эремчек

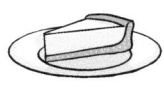
gâteau
пирог

œuf
йомырка

œuf miroir
йомырка тәбәсе

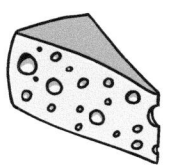
fromage
сыр

aliments - азык

crème glacée
туңдырма

sucre
шикәр

miel
бал

confiture
кайнатма

crème de nougat
шоколадлы паста

cari
карри

aliments - азык

ferme
ферма

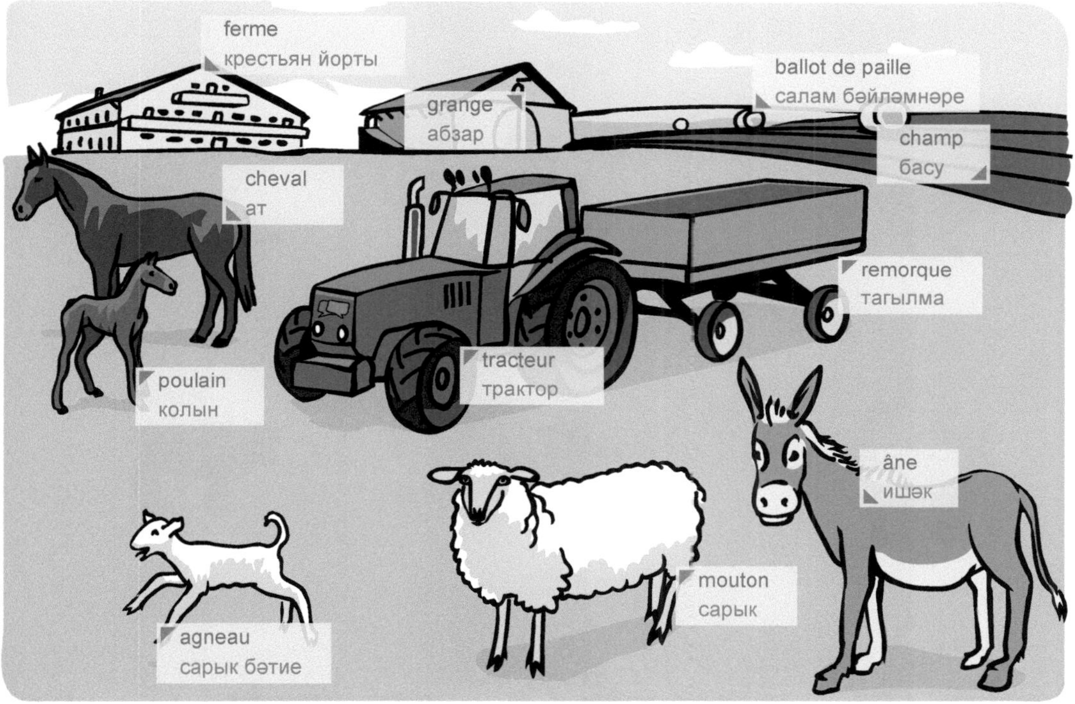

ferme
крестьян йорты

grange
абзар

ballot de paille
салам бәйләмнәре

champ
басу

cheval
ат

remorque
тагылма

poulain
колын

tracteur
трактор

âne
ишәк

mouton
сарык

agneau
сарык бәтие

chèvre

кәҗә

vache

сыер

veau

бозау

porc

дуңгыз

porcelet

дуңгыз баласы

taureau

үгез

oie

каз

canard

үрдәк

poussin

чеби

poule

тавык

coq

әтәч

rat

күсе

chat

песи

souris

тычкан

bœuf

эш үгезе

chien

эт

niche

эт оясы

tuyau d'arrosage

бакча шлангысы

arrosoir

сусипкеч

FALSE

чалгы

charrue

сабан

ferme - ферма

faucille
урак

binette
китмән

fourche à foin
тирес сәнәге

hache
балта

brouette
кул арбасы

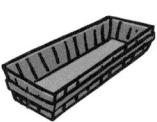

auge
тагарак

pot à lait
сөт өчен бидон

grand sac
капчык

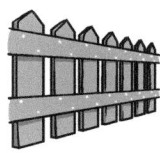

clôture
койма

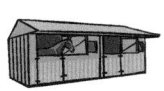

écurie
абзар

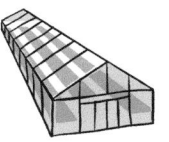

serre
теплица

sol
туфрак

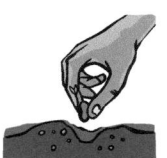

graines
чәчү

engrais
ашлама

moissonneuse-batteuse
комбайн

ferme - ферма

récolter
уңыш жыю

récolte
уңыш

igname
ямса

blé
бодай

soja
соя

pomme de terre
бәрәңге

maïs
кукуруз

graine de colza
рапс

arbre fruitier
җимеш агачы

manioc
маниок

grains
иген

maison
йорт

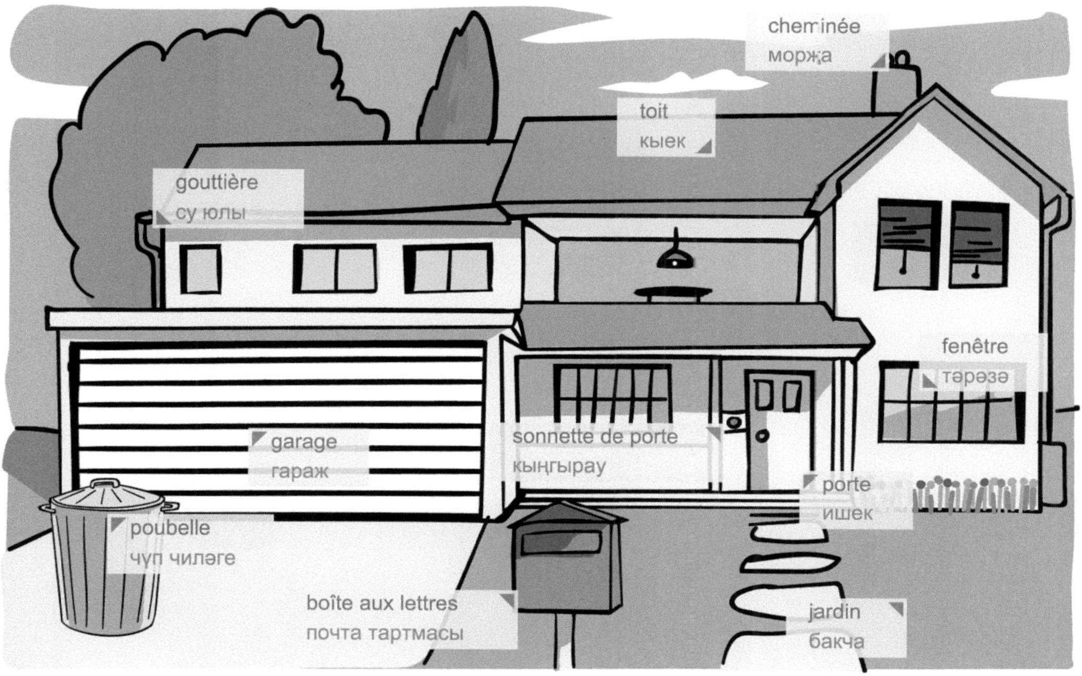

cheminée / моржа
toit / кыек
gouttière / су юлы
fenêtre / тәрәзә
garage / гараж
sonnette de porte / кыңгырау
porte / ишек
poubelle / чүп чиләге
boîte aux lettres / почта тартмасы
jardin / бакча

salle de séjour

кунак бүлмәсе

salle de bains

ванна бүлмәсе

cuisine

аш бүлмәсе

chambre à coucher

йокы бүлмәсе

chambre d'enfant

балалар бүлмәсе

salle à manger

ашханә

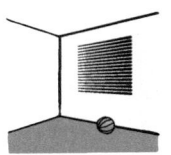

plancher

идән

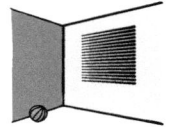

mur

дивар

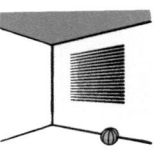

plafond

түшәм

cellier

баз

sauna

сауна

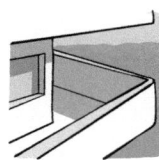

balcon

балкон

terrasse

терраса

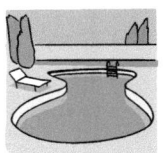

piscine

бассейн

tondeuse à gazon

газон чапкыч

drap

юрган аслыгы

jeté de lit

япма

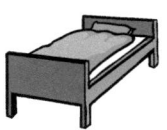

lit

кароват

balai

себерке

seau

чиләк

interrupteur

сүндергеч

maison - йорт

salle de séjour
кунак бүлмәсе

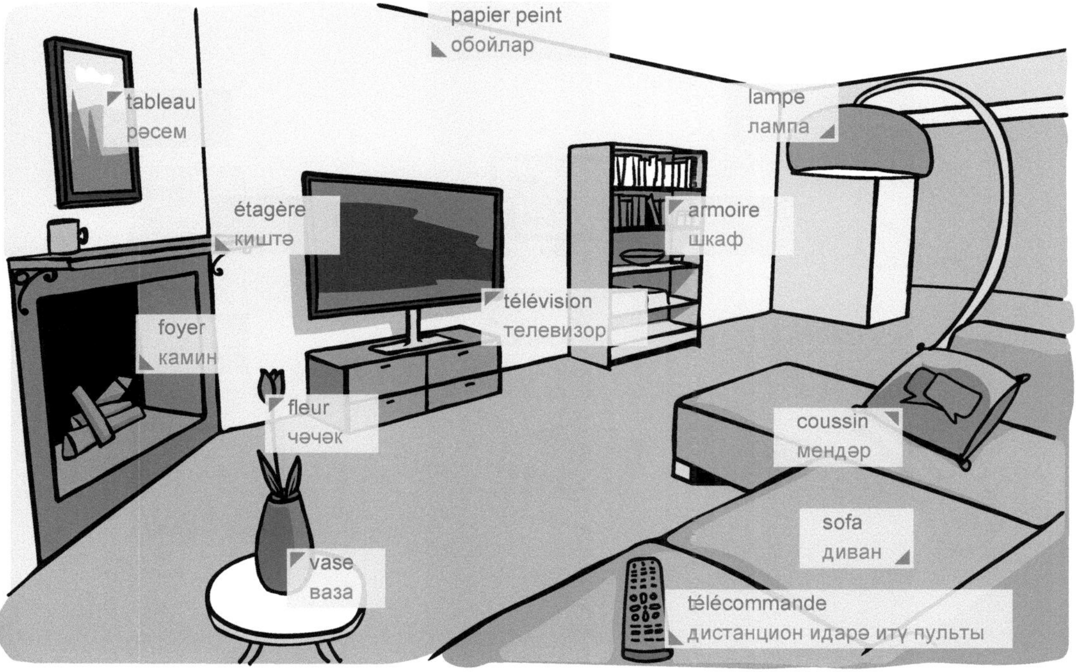

- papier peint / обойлар
- tableau / рәсем
- lampe / лампа
- étagère / киштә
- armoire / шкаф
- foyer / камин
- télévision / телевизор
- fleur / чәчәк
- coussin / мендәр
- sofa / диван
- vase / ваза
- télécommande / дистанцион идарә иту пульты

tapis
келәм

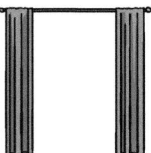

rideau
пәрдә

table
өстәл

chaise
утыргыч

berceuse
тибрәткеч кәнәфи

fauteuil
кәнәфи

livre
китап

couverte
япма

décoration
бизәк

bois de chauffage
утын

film
фильм

chaîne hi-fi
стереосистема

clé
ачкыч

journal
газета

peinture
картина

affiche
плакат

radio
радио

bloc-notes
блокнот

aspirateur
тузан суыргыч

cactus
кактус

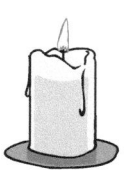
chandelle
шәм

salle de séjour - кунак бүлмәсе

cuisine
аш бүлмәсе

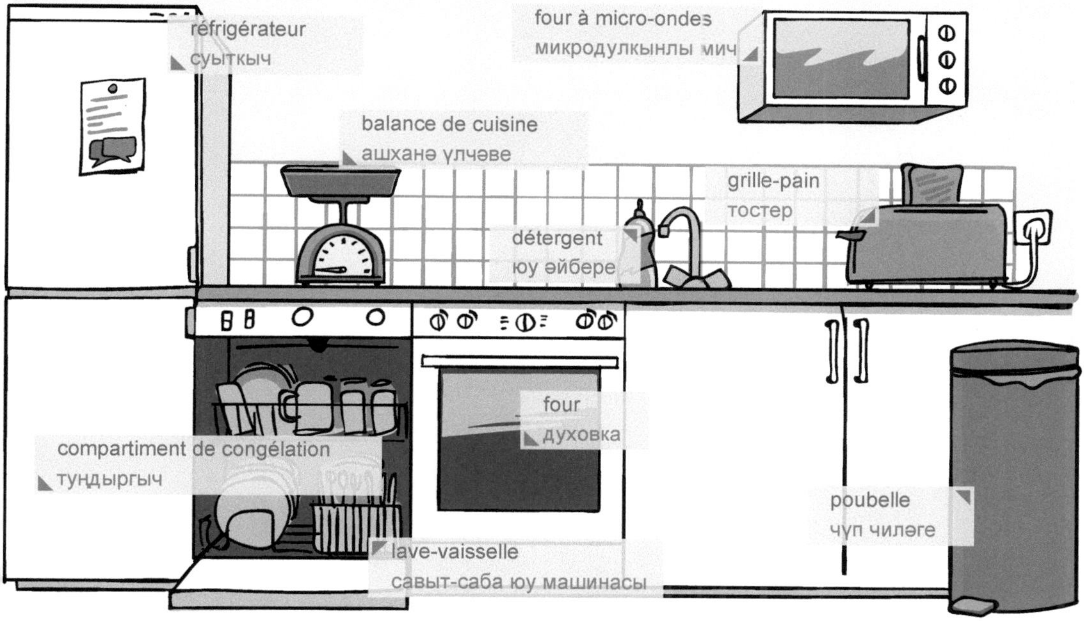

- réfrigérateur / суыткыч
- four à micro-ondes / микродулкынлы мич
- balance de cuisine / ашханә үлчәве
- grille-pain / тостер
- détergent / юу әйбере
- four / духовка
- compartiment de congélation / туңдыргыч
- poubelle / чүп чиләге
- lave-vaisselle / савыт-саба юу машинасы

cuisinière

плитә

marmite

кәстрүл

cocotte en fonte

чуен казан

wok / kadai

вок / казан

poêle

таба

bouilloire

чәйнек

cuiseur à vapeur

парда пешергеч

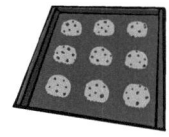

plaque à pâtisserie

калай таба

vaisselle

савыт-саба

grande tasse

кружка

bol

җамаяк

baguettes

таякчык

louche

аш чүмече

spatule

лопатка

fouet

туглауыч

passoire

иләк

tamis

иләк

râpe

кыргыч

mortier

төйгеч

barbecue

гриль

foyer

учак

cuisine - аш бүлмәсе

planche à découper
такта

rouleau à pâtisserie
уклау

tire-bouchon
бөке суыргыч

boîte à conserves
калай банк

ouvre-boîte
консерв ачу өчен пычак

mitaine de four
элэктергеч

évier
раковина

brosse
щётка

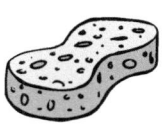
éponge
губка

mélangeur
миксер

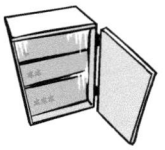
congélateur
туңдыру камерасы

biberon
ашату өчен шешә

robinet
кран

cuisine - аш бүлмәсе

37

salle de bains
ванна бүлмәсе

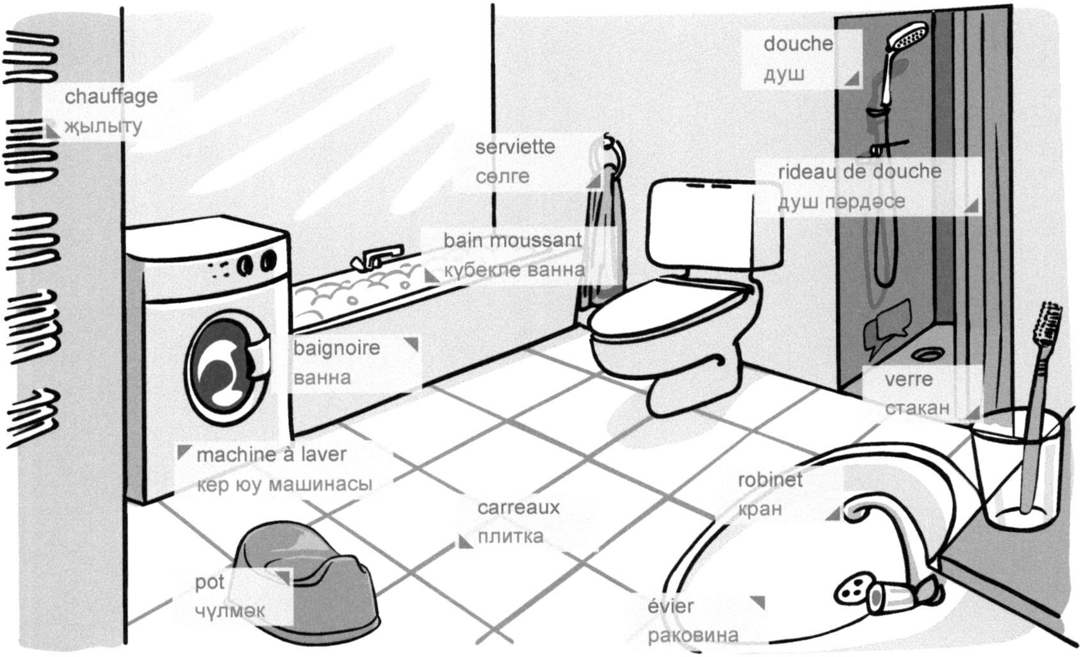

chauffage
җылыту

douche
душ

serviette
сөлге

rideau de douche
душ пәрдәсе

bain moussant
күбекле ванна

baignoire
ванна

verre
стакан

machine à laver
кер юу машинасы

carreaux
плитка

robinet
кран

pot
чүлмәк

évier
раковина

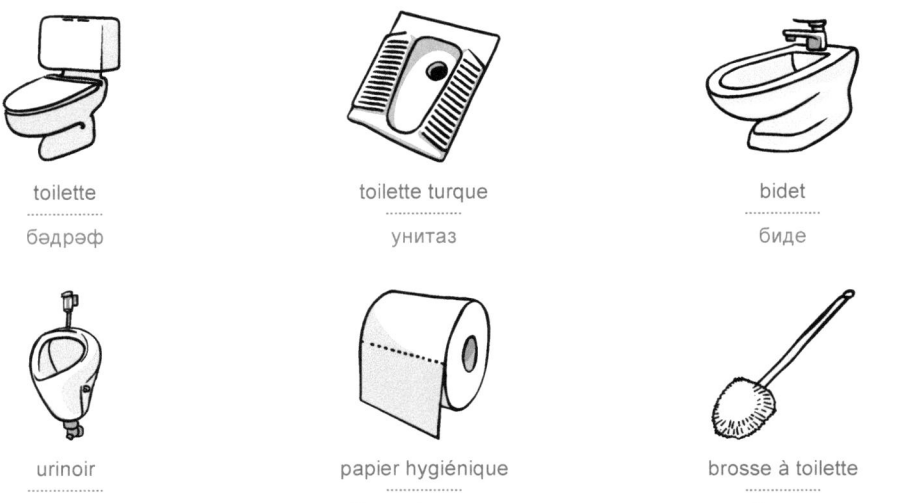

toilette
бәдрәф

toilette turque
унитаз

bidet
биде

urinoir
писсуар

papier hygiénique
бәдрәф кәгазе

brosse à toilette
керпе кебек чистарткыч

brosse à dents
теш щеткасы

dentifrice
теш пастасы

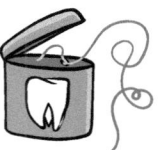
soie dentaire
теш җебе

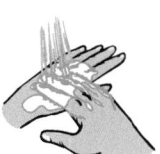
laver
юу

douchette
кул душы

douche vaginale
душ

cuvette
оча сөяге

brosse pour le dos
аврка өчен щетка

savon
сабын

gel douche
душ өчен гель

shampoing
шампунь

débarbouillette
мунчала

drain
агым

crème
крем

déodorant
дезодорант

salle de bains - ванна бүлмәсе

miroir

көзге

miroir à main

кул көзгесе

rasoir

пәке

mousse à raser

кырыну өчен күбек

après-rasage

Кырынаганнан соң
кулланыла торган лосьон

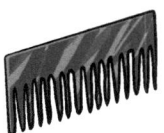

peigne

тарак

brosse

щётка

sèche-cheveux

фен

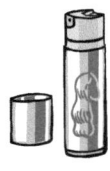

laque

чәчләр лагы

maquillage

косметика

rouge à lèvres

ирен буявы

vernis à ongles

тырнаклар лагы

ouate

мамык

ciseaux à ongles

маникюр кайчысы

parfum

хушбуй

trousse de toilette

косметика савыты

tabouret

урындык

pèse-personne

үлчәү

peignoir

халат

gants de caoutchouc

резин перчаткалар

tampon

тампон

serviette hygiénique

гигиена җәймәсе

toilette chimique

биотуалет

salle de bains - ванна бүлмәсе

chambre d'enfant
балалар бүлмәсе

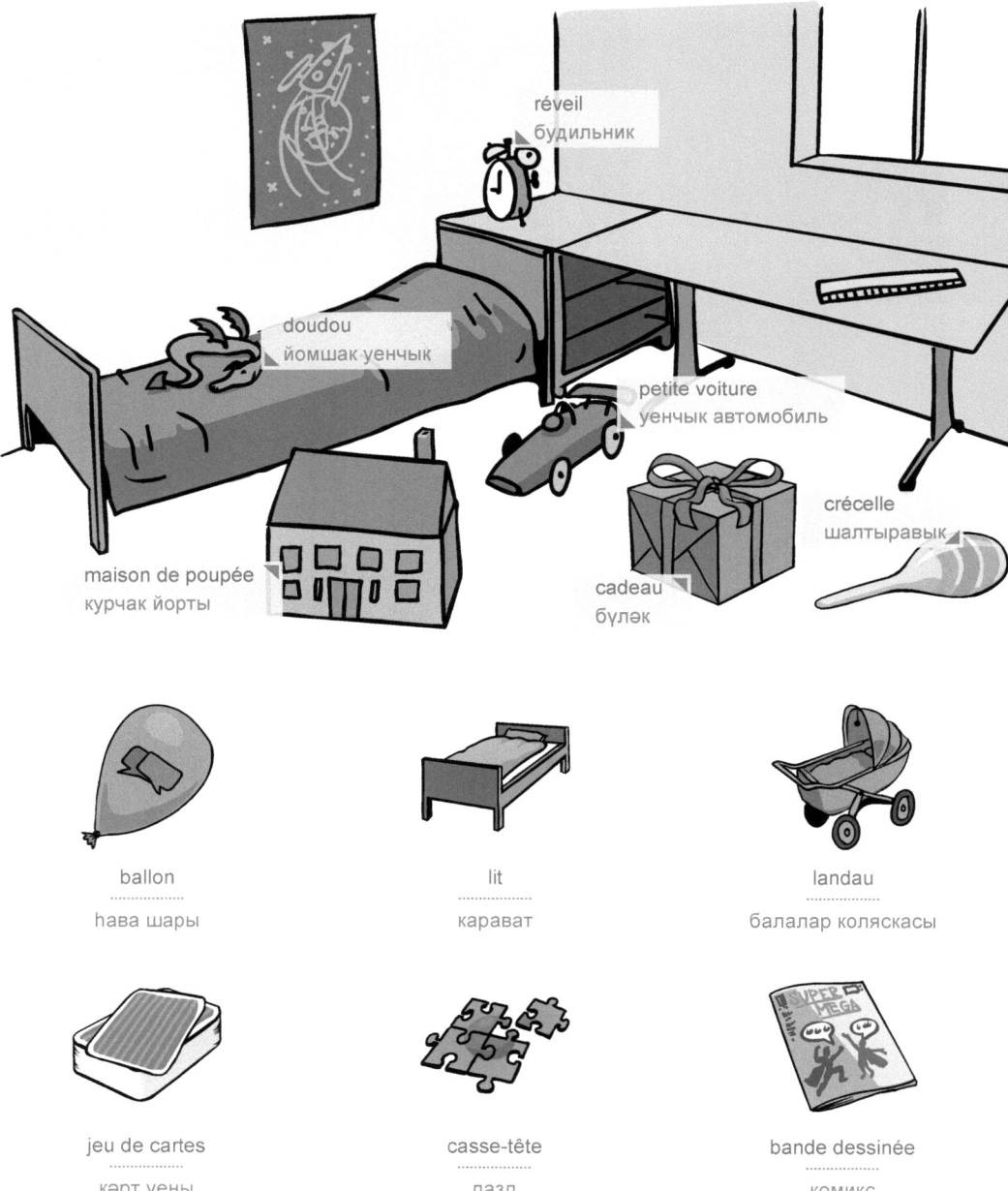

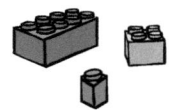

blocs LEGO

Лего кирпечекләре

jeu de briques

шакмак

figurine articulée

уенчык

dormeuse

ползунки

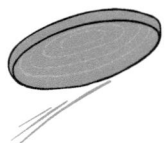

disque volant

фрисби

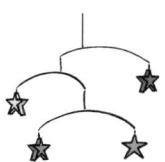

mobile

мобиль

jeu de société

өстәл уены

dé

шакмак

ensemble de modèles de train

тимер юл моделе

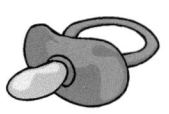

mannequin

имезлек

fête

кичә

livre d'images

рәсемнәр белән бизәлгән китап

balle

туп

poupée

курчак

jouer

уйнау

chambre d'enfant - балалар бүлмәсе

bac à sable

комлык

balançoire

таган

jouets

уенчык

console de jeu vidéo

уен приставкасы

tricycle

өч көпчәкле велосипед

ours en peluche

плюш аю

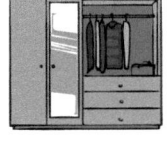

garde-robe

кием-салым шкафы

vêtements
кием

chaussettes

оекбаш

bas

оек

collant

колготки

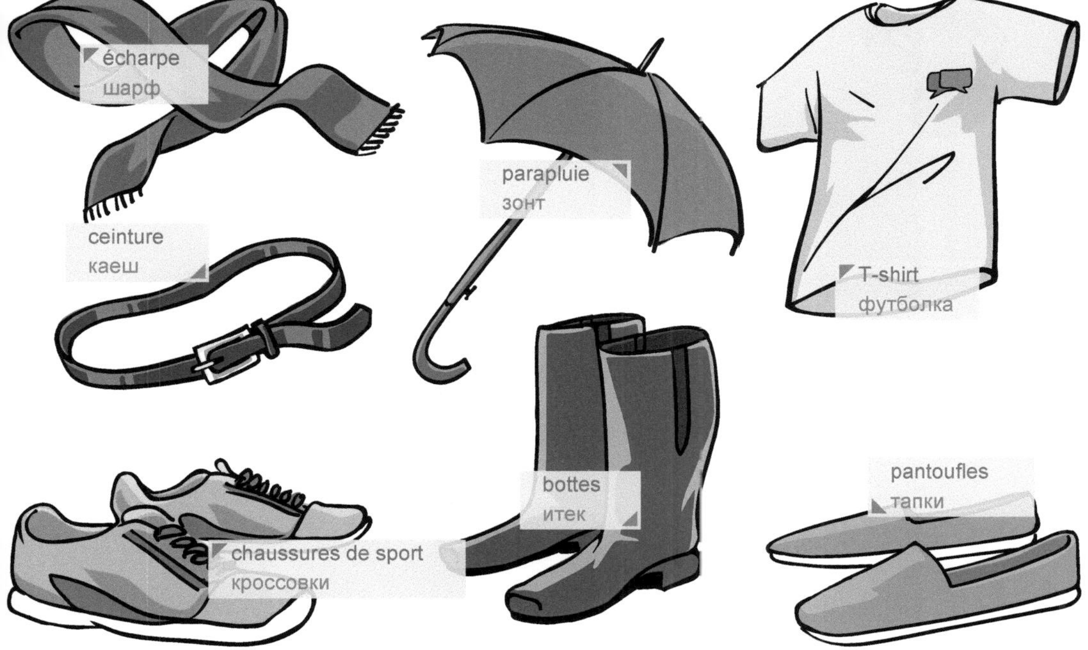

écharpe
шарф

parapluie
зонт

T-shirt
футболка

ceinture
каеш

bottes
итек

pantoufles
тапки

chaussures de sport
кроссовки

sandales

сандаллар

souliers

ботинкалар

bottes de caoutchouc

резин итекләр

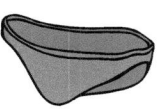

sous-vêtements

трусик

soutien-gorge

бюстгальтер

gilet

майка

vêtements - киеm

body
боди

pantalon
чалбар

jean
джинсы

jupe
итәк

chemisier
блузка

chemise
күлмәк

chandail
свитер

chandail à capuche
свитер

blazer
спорт куртасы

veste
жакет

manteau
пәлтә

manteau de pluie
плащ

complet
костюм

robe
күлмәк

robe de mariée
туй күлмәге

tailleur

ирләр костюмы

chemise de nuit

төнге эчке күлмәк

pyjama

пижама

sari

сари

foulard

яулык

turban

чалма

burqa

пәрәнҗә

cafetan

кафтан

abaya

абайя

maillot de bain

коену костюмы

maillot short

плавки

culotte courte

шорт

survêtement

спорт костюмы

tablier

алъяпкыч

mitaines

перчаткалар

bouton

төймә

lunettes

күзлек

bracelet

беләзек

collier

чылбыр

bague

балдак

boucle d'oreille

алка

tuque

бүрек

cintre

элгеч

chapeau

эшләпә

cravate

галстук

fermeture à glissière

молния каптырмасы

casque

каска

bretelles

подтяжка

uniforme scolaire

мәктәп формасы

uniforme

форма

vêtements - кием

bavoir
балалар күкрәкчәсе

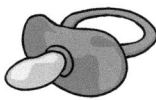
mannequin
имезлек

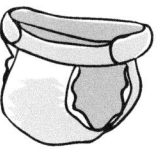
couche
подгузник

bureau
офис

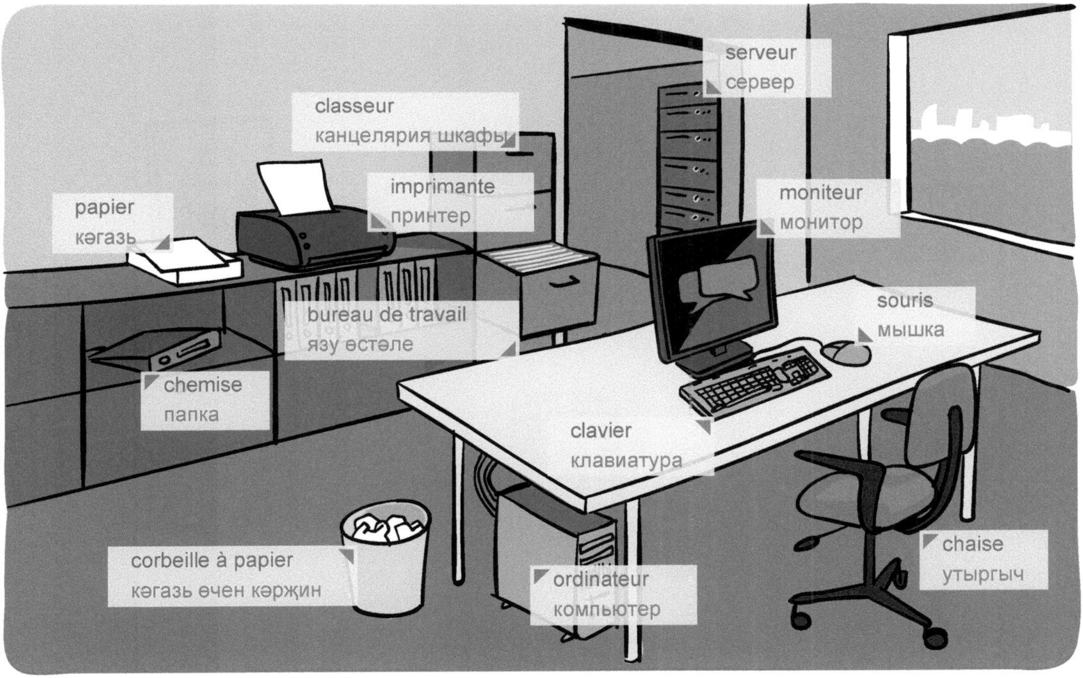

- serveur / сервер
- classeur / канцелярия шкафы
- imprimante / принтер
- papier / кәгазь
- moniteur / монитор
- bureau de travail / язу өстәле
- souris / мышка
- chemise / папка
- clavier / клавиатура
- corbeille à papier / кәгазь өчен кәрҗин
- ordinateur / компьютер
- chaise / утыргыч

grande tasse à café
кофе кружкасы

calculatrice
калькулятор

Internet
интернет

ordinateur portable
ноутбук

lettre
хат

message
хәбәр

téléphone cellulaire
кесә телефоны

réseau
челтәр

photocopieur
ксерокс

logiciel
программа

téléphone
телефон

prise de courant
розетка

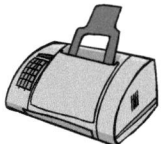
télécopieur
факс

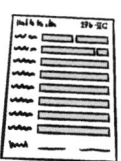
formulaire
формуляр

document
документ

bureau - офис

économie
икътисад

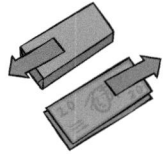
acheter
сатып алу

payer
түләү

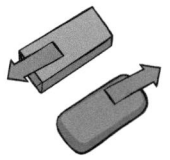
commercer
сәүдә

argent
акча

dollar
доллар

euro
евро

yen
иена

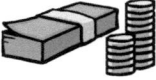
rouble
сум

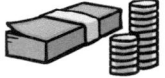
franc suisse
франк

renminbi yuan
жэньминьби юань

roupie
рупия

distributeur de billets
банкомат

bureau de change

валюта алмаштыру пункты

or

алтын

argent

көмеш

pétrole

жир мае

énergie

энергия

prix

бәя

contrat

килешү

taxe

салым

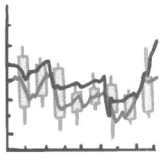

actions

акция

travailler

эш

employé

эшче

employeur

эш бирүче

usine

фабрика

magasin

кибет

économie - икътисад

professions
профессиялəр

agent de police
полицейский

pompier
янгын сүндерүче

cuisinier
пешекче

docteur
табиб

pilote
очучы

jardinier

бакчачы

charpentier

агач остасы

couturier

теүче

juge

хаким

pharmacien

химик

acteur

актер

professions - профессиялəр

chauffeur d'autobus
автобус йөртүче

chauffeur de taxi
таксист

pêcheur
балыкчы

femme de ménage
җыештыручы хатын

couvreur
түбә ябучы

serveur
официант

chasseur
аучы

peintre
рәссам

boulanger
пешекче

électricien
электрик

constructeur de bâtiments
төзүче

ingénieur
инженер

boucher
итче

plombier
сантехник

facteur
хат ташучы

professions - профессияләр

soldat

солдат

architecte

архитектор

caissier

кассир

fleuriste

чәчәкче

coiffeur

парикмахер

chef de train

кондуктор

mécanicien

механик

capitaine

капитан

dentiste

теш табибы

scientifique

галим

rabbin

раввин

imam

имам

moine

монах

ecclésiastique

рухани

professions - профессияләр

outils
кораллар

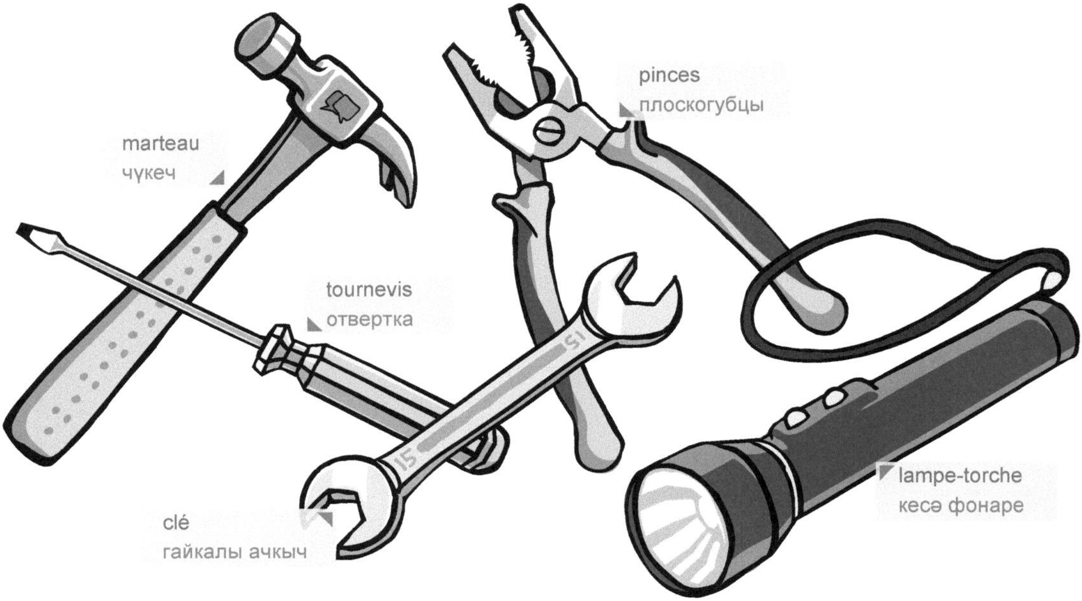

marteau
чүкеч

pinces
плоскогубцы

tournevis
отвертка

clé
гайкалы ачкыч

lampe-torche
кесә фонаре

excavatrice

экскаватор

boîte à outils

инструментлар өчен тартма

échelle

баскыч

scie

пычкы

clous

кадаклар

perceuse

дрель

réparer
төзәтү

pelle
көрәк

tabarnouche
Шайтан алгыры!

pelle à poussière
соскы

pot de peinture
савытлы буяу

vis
винтлар

instruments de musique
музыкаль инструментлар

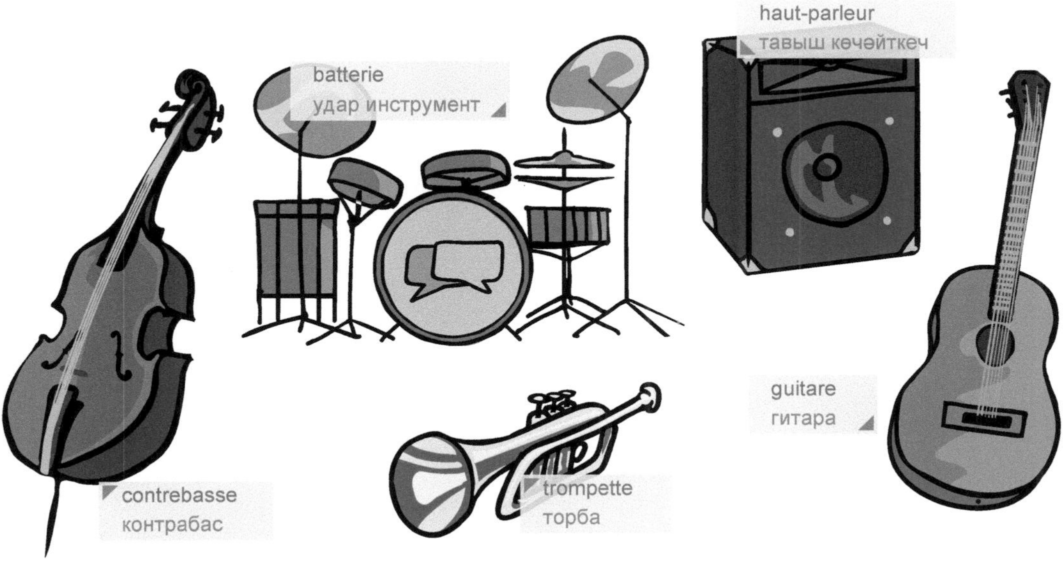

haut-parleur
тавыш көчәйткеч

batterie
удар инструмент

guitare
гитара

contrebasse
контрабас

trompette
торба

piano

пианино

violon

скрипка

basse

бас-гитара

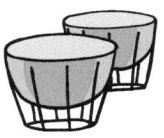

timbales

литавра

tambour

барабан

synthétiseur

синтезатор

saxophone

саксофон

flûte

флейта

microphone

микрофон

instruments de musique - музыкаль инструментлар

ZOO
зоопарк

- tigre / юлбарыс
- cage / күзәнәк
- zèbre / зебра
- nourriture pour animaux / азык
- entrée / керу
- panda / панда

animaux
хайваннар

éléphant
фил

kangourou
көнгерә

rhinocéros
мөгезборын

gorille
горилла

ours
аю

zoo - зоопарк

chameau
дөя

autruche
тәвә кошы

lion
арыслан

singe
маймыл

flamand rose
фламинго

perroquet
тутый кош

ours polaire
ак аю

pingouin
пингвин

requin
акула

paon
тавис

serpent
елан

crocodile
крокодил

gardien de zoo
зоопарк хезмәткәре

phoque
тюлень

jaguar
ягуар

zoo - зоопарк

poney

пони

léopard

каплан

hippopotame

су үгезе

girafe

жираф

aigle

бөркет

sanglier

кабан дуңгызы

poisson

балык

tortue

ташбака

morse

морж

renard

төлке

gazelle

газәл

zoo - зоопарк

sports
спорт төрләре

activités
хәрәкәт

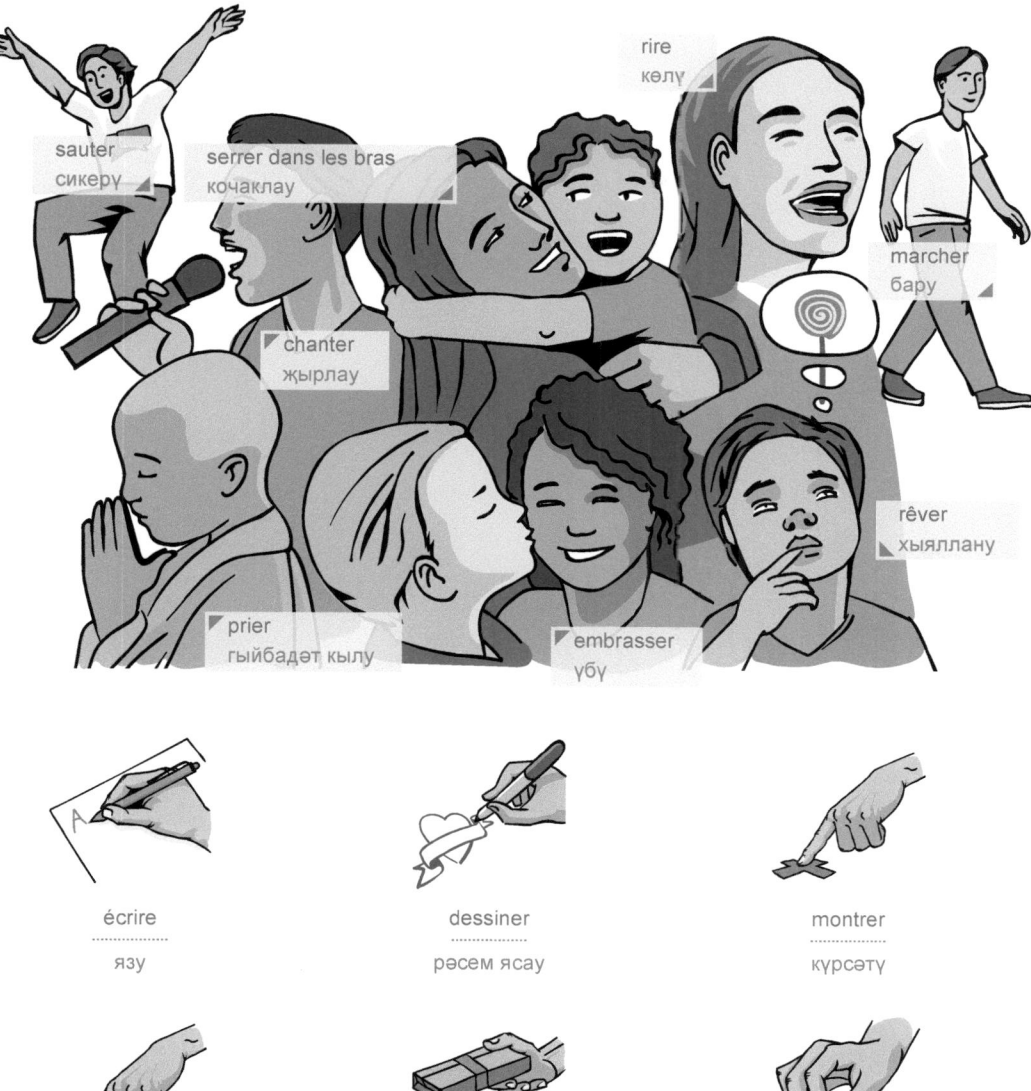

écrire	dessiner	montrer
язу	рәсем ясау	күрсәтү
pousser	donner	prendre
басу	бирү	алу

avoir
үзеңдә булдыру

faire
эшләү

être
булу

être debout
басып тору

courir
йөгерү

tirer
тарту

jeter
ташлау

tomber
егылу

s'allonger
яту

attendre
көтү

porter
йөртү

s'asseoir
утыру

s'habiller
кию

dormir
йоклау

se réveiller
уяну

regarder

карау

pleurer

елау

caresser

үтекләү

peigner

тарау

parler

әйтү

comprendre

аңлау

demander

сорау

écouter

тыңлау

boire

эчү

manger

ашау

ranger

тәртипкә китерү

aimer

сөю

cuisiner

әзерләү

conduire

машинада бару

voler

очу

activités - хәрәкәт

faire de la voile
Җилкәндә йөрү

calculer
исәпләү

lire
уку

apprendre
уку

travailler
эш

se marier
никахлашу

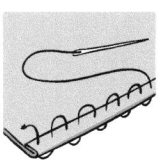
coudre
тегү

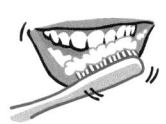
brosser les dents
тешләрне чистарту

tuer
үтерү

fumer
тәмәке тарту

envoyer
җибәрү

activités - хәрәкәт

famille
гаилә

grand-mère / әби
grand-père / бабай
père / әти
mère / әни
bébé / сабый
fille / кыз
fils / ул

invité
кунак

tante
түти

oncle
абый

frère
кардәш

sœur
апа

corps
тән

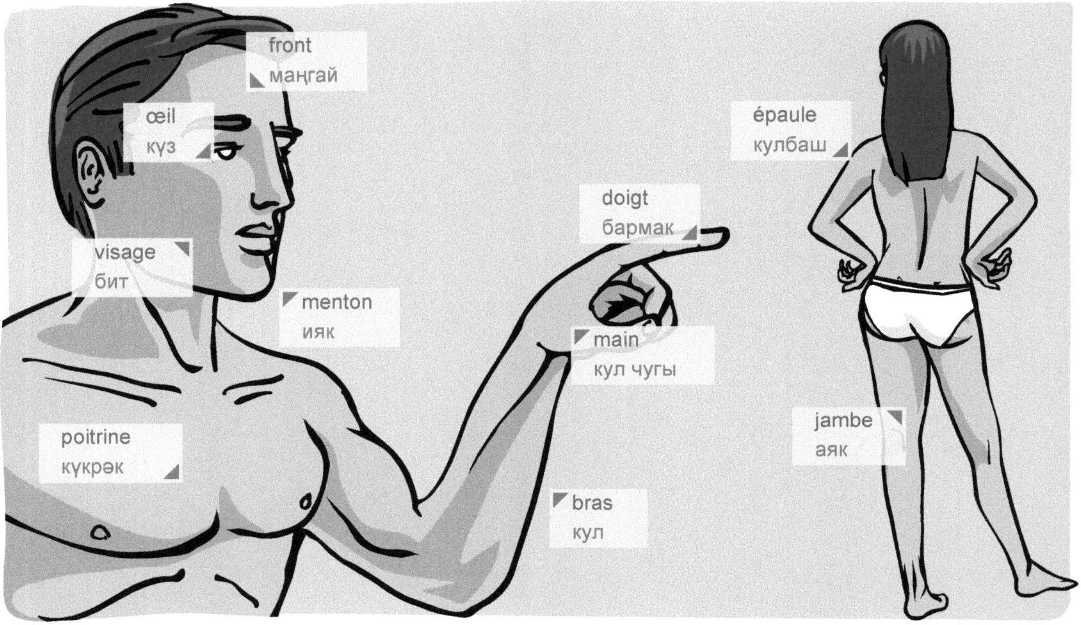

front — маңгай
œil — күз
visage — бит
menton — ияк
poitrine — күкрәк
doigt — бармак
main — кул чугы
bras — кул
épaule — кулбаш
jambe — аяк

bébé
сабый

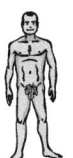

homme
ир

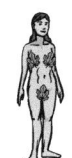

femme
хатын

fille
кыз

garçon
малай

tête
баш

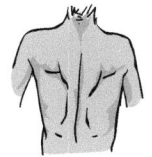

dos
арка

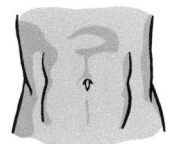

ventre
эч

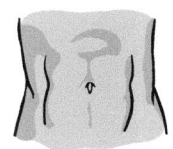

nombril
кендек

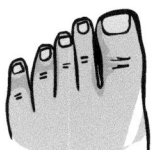

orteil
аяк бармагы

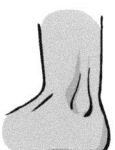

talon
үкчә

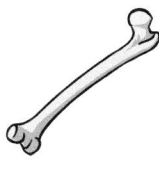

os
сөяк

hanche
бот

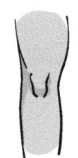

genou
тез

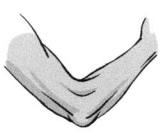

coude
терсәк

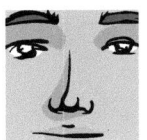

nez
борын

derrière
арт сан

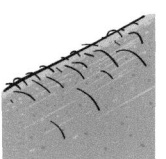

peau
тире

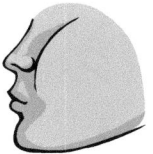

joue
яңак

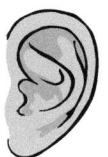

oreille
колак

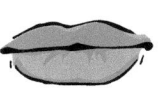

lèvre
ирен

bouche
авыз

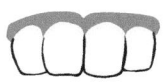

dent
теш

langue
тел

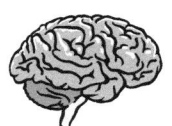

cerveau
ми

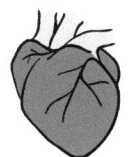

cœur
йөрәк

muscle
мускул

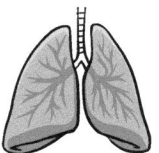

poumon
үпкәләр

foie
бавыр

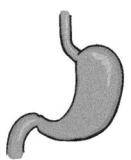

estomac
ашказан

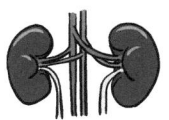

reins
бөерләр

rapport sexuel
җенси акт

condom
презерватив

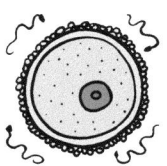

ovule
күкәйлек

sperme
сперма

grossesse
көмәнлек

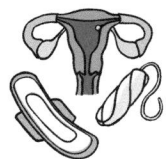

menstruation
....
күрем

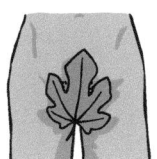

vagin
....
вагина

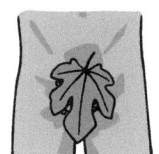

pénis
....
пенис

sourcil
....
каш

cheveux
....
чәчләр

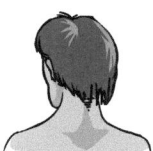

cou
....
муен

hôpital
хастаханә

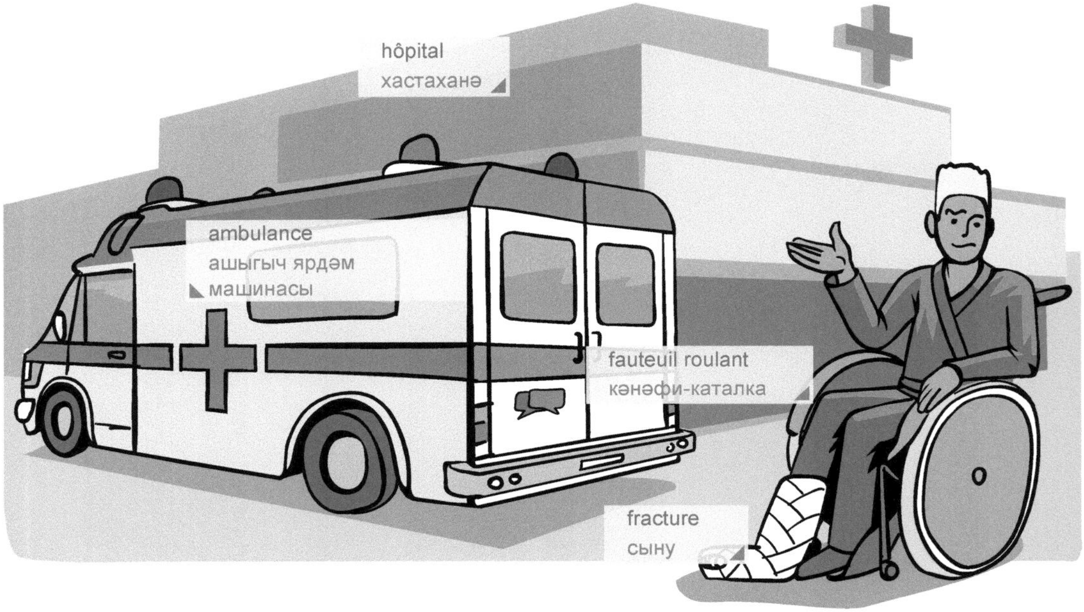

- hôpital / хастаханә
- ambulance / ашыгыч ярдәм машинасы
- fauteuil roulant / кәнәфи-каталка
- fracture / сыну

docteur

табиб

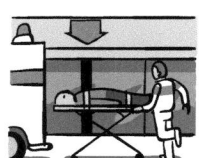

salle des urgences

беренче ярдәм пункты

infirmier

шәфкать туташы

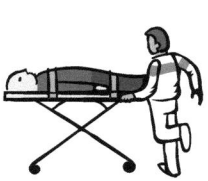

urgence

кичектергесез хәл

inconscient

аңсыз

douleur

авырту

blessure
зыян килү

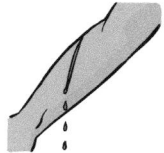
saignement
кан агу

crise cardiaque
инфаркт

AVC
инсульт

allergie
аллергия

toux
ютәл

fièvre
югары температура

grippe
грипп

diarrhée
эч китү

mal de tête
баш авырту

cancer
кысла

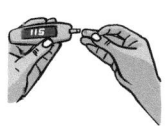
diabète
диабет

chirurgien
хирург

scalpel
скальпель

opération
операция

hôpital - хастаханә

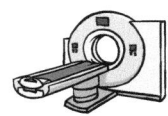
tomodensitométrie
КТ

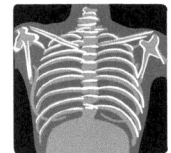
radiographie
рентген

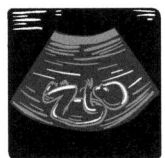
ultrason
ультратавыш

masque
битлек

maladie
авыру

salle d'attente
кабул итү бүлмәсе

béquille
култык таягы

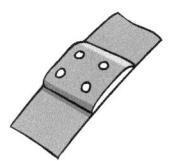
sparadrap
пластырь

bandage
бинт

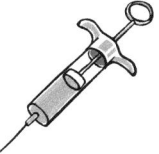
injection
укол кадау

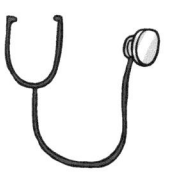
stéthoscope
стетоскоп

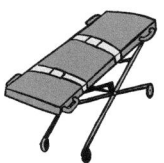
brancard
носилки

thermomètre médical
термометр

accouchement
туу

excès de poids
артык авырлык

hôpital - хастаханә

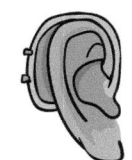
appareil auditif
колак аппараты

désinfectant
йогышсызландыру чарасы

infection
инфекция

virus
вирус

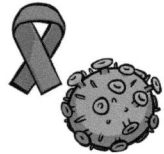
VIH / Sida
ВИЧ / СПИД

médicament
дару

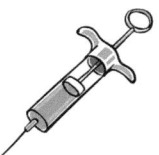
vaccination
прививка

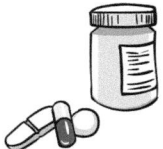
comprimés
таблеткалар

pilule
балага узмас өчен таблетка

appel d'urgence
ашыгыч чакыру

tensiomètre
кан басымын үлчәү өчен прибор

malade / en bonne santé
авыру / сәламәт

hôpital - хастаханә

urgence
кичектергесез хәл

Au secours !
Ярдәм итегез!

alarme
тревога сигналы

assaut
һөҗүм иту

attaque
һөҗүм

danger
куркыныч

sortie de secours
запас чыгу урыны

Au feu !
Янгын!

extincteur
ут сүндергеч

accident
каза

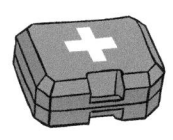

trousse de premiers soins
дарухәнә

SOS
SOS

police
полиция

Terre
җир

Europe
Европа

Amérique du Nord
Төньяк Америка

Amérique du Sud
Көньяк Америка

Afrique
Африка

Asie
Азия

Australie
Австралия

océan Atlantique
Атлантик океан

océan Pacifique
Тын океан

ccéan Indien
Һинд океаны

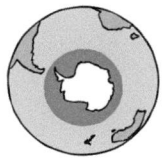
océan Antarctique
Антарктик океан

océan Arctique
Төньяк Боз океаны

Pôle Nord
Төньяк полюс

Pôle Sud
....
Көньяк полюс

Antarctique
....
Антарктика

Terre
....
җир

terre
....
коры җир

mer
....
диңгез

île
....
утрау

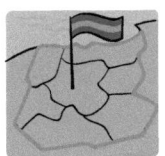

nation
....
милләт

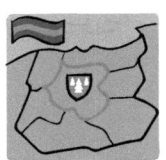

État
....
дәүләт

heure
сәгать

cadran

сәгать циферблаты

aiguille des heures

сәгать угы

aiguille des minutes

минут угы

aiguille des secondes

секунд угы

Quelle heure est-il ?

Әле сәгать ничә?

jour

көн

temps

вакыт

maintenant

хәзер

montre à affichage numérique

электрон сәгать

minute

минут

heure

сәгать

semaine
атна

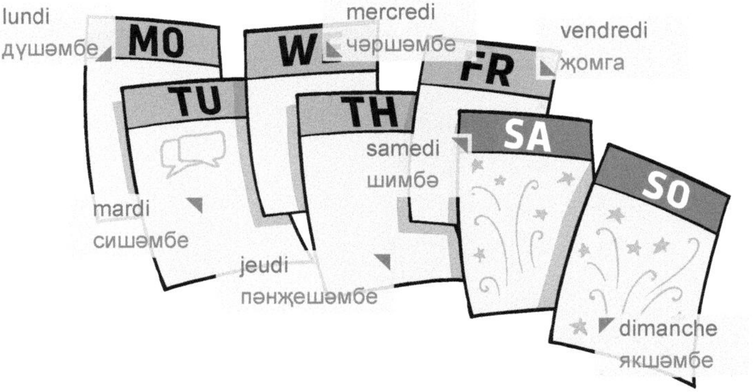

lundi / дүшәмбе
mardi / сишәмбе
mercredi / чәршәмбе
jeudi / пәнҗешәмбе
vendredi / җомга
samedi / шимбә
dimanche / якшәмбе

hier / кичә

aujourd'hui / бүген

demain / иртәгә

matin / иртә

midi / төш

soir / кич

jours ouvrables / эш көннәре

fin de semaine / ял көннәре

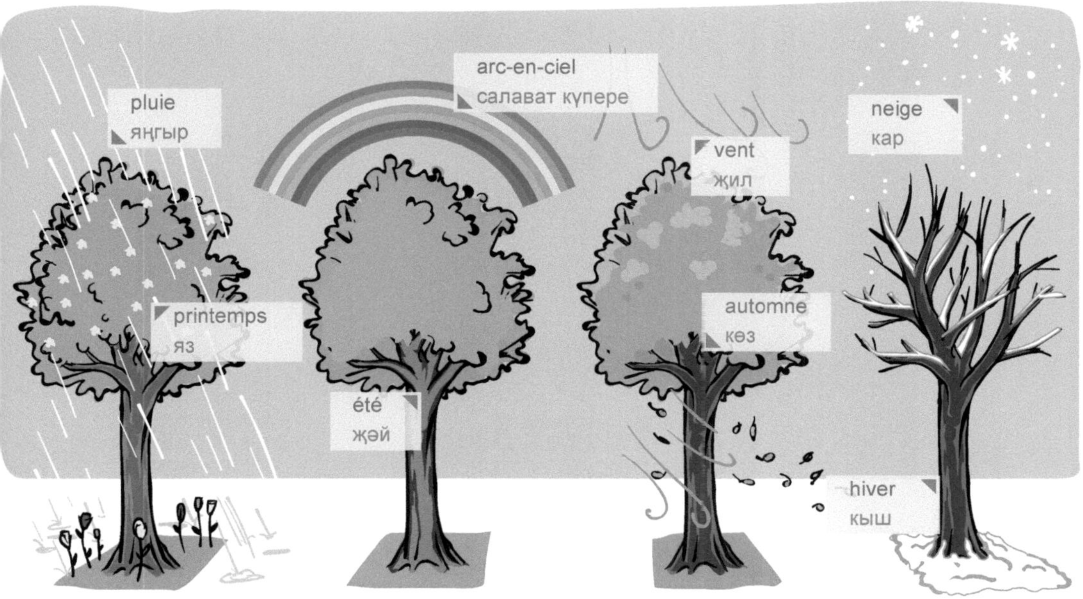

année
ел

pluie
яңгыр

arc-en-ciel
салават күпере

neige
кар

printemps
яз

vent
җил

automne
көз

été
җәй

hiver
кыш

prévisions météorologiques

һава торышы

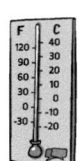

thermomètre

термометр

rayons du soleil

кояш яктысы

nuage

болыт

brouillard

томан

humidité

дымлылык

foudre

яшен

tonnerre

күк күкрәү

tempête

давыл

grêle

боз

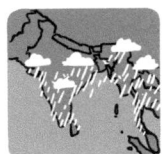

mousson

муссон

inondation

су басу

glace

боз

janvier

гыйнвар

février

февраль

mars

март

avril

апрель

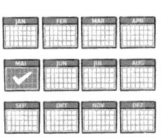

mai

май

juin

июнь

juillet

июль

août

август

année - ел

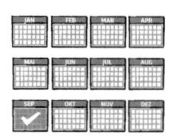
septembre
сентябрь

octobre
октябрь

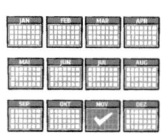
novembre
ноябрь

décembre
декабрь

formes
формалар

cercle
божра

carré
квадрат

rectangle
турыпочмак

triangle
өчпочмак

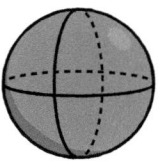
sphère
шар

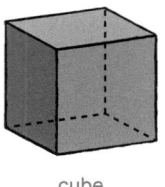
cube
куб

couleurs
төсләр

blanc
ак

jaune
сары

orange
кызгылт сары

rose
ал

rouge
кызыл

violet
шәмәхә

bleu
зәңгәр

vert
яшел

marron
көрән

gris
соры

noir
кара

opposés
капма-каршылыклар

beaucoup / un peu
күп / аз

en colère / calme
усал / тыныч

beau / laid
матур / ямьсез

début / fin
башы / ахыры

grand / petit
зур / кечкенә

lumineux / sombre
якты / караңгы

frère / sœur
абый / эне

propre / sale
чиста / пычрак

complet / incomplet
тулы / тулы түгел

jour / nuit
көн / төн

mort / vivant
үле / тере

large / étroit
киң / тар

comestible / non comestible

ашарга яраклы / ашарга яраксыз

méchant / gentil

явыз / яхшы

être enthousiaste / s'ennuyer

дулкынланган / сагынган

gros / mince

юан / ябык

premier / dernier

башта / азакта

ami / ennemi

дус / дошман

plein / vide

тулы / буш

dur / mou

каты / йомшак

lourd / léger

авыр / җиңел

faim / soif

ачлык / сусау

malade / en bonne santé

авыру / сәламәт

illégal / légal

хокуксыз / хокуклы

intelligent / stupide

акыллы / акылсыз

gauche / droite

сулдан / уңнан

proche / loin

якын / ерак

opposés - капма-каршылыклар

neuf / usagé

яңа / тотылган

rien / quelque chose

бер нәрсә дә / нәрсәдер

vieux / jeune

өлкән / яшь

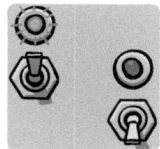

marche / arrêt

тоташтырылган / сүндерелгән

ouvert / fermé

ачык / ябык

calme / bruyant

әкрен / кычкырып

riche / pauvre

бай / ярлы

correct / incorrect

дөрес / дөрес түгел

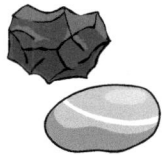

rugueux / lisse

кытыршы / шома

triste / heureux

моңсу / бәхетле

court / long

кыска / озын

lent / rapide

җай / тиз

mouillé / sec

дымлы / коры

chaud / froid

җылы / салкын

guerre / paix

сугыш / тынычлык

opposés - капма-каршы гыйклар

nombres
саннар

0 zéro — ноль

1 un — бер

2 deux — ике

3 trois — өч

4 quatre — дүрт

5 cinq — биш

6 six — алты

7 sept — җиде

8 huit — сигез

9 neuf — тугыз

10 dix — ун

11 onze — унбер

12 douze унике	**13** treize унеч	**14** quatorze ундүрт
15 quinze унбиш	**16** seize уналты	**17** dix-sept унҗиде
18 dix-huit унсигез	**19** dix-neuf унтугыз	**20** vingt егерме
100 cent йөз	**1.000** mille мең	**1.000.000** million миллион

nombres - саннар

langues
телләр

anglais

инглизчә

anglais américain

американча инглиз

chinois mandarin

мандаринча Кытай

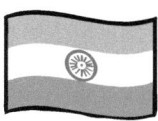

hindi

һинди

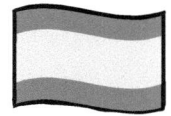

espagnol

испан

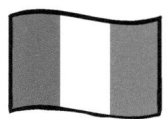

français

француз

arabe

гарәп

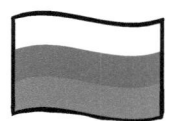

russe

рус

portugais

португал

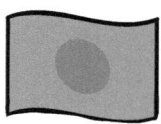

bengali

бенгал

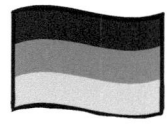

allemand

алман

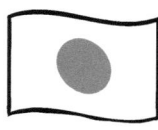

japonais

япон

qui / quoi / comment
кем / нәрсә / ничек

je
мин

tu
син

il / elle / ce, c', cela
ул / ул / ул

nous
без

vous
сез

ils / elles
алар

qui ?
кем?

quoi ?
нәрсә?

comment ?
ничек?

où ?
кайда?

quand ?
кайчан?

nom
исем

où
кайда

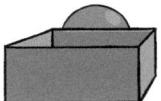

derrière

артта

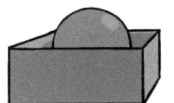

dans

эчендә

devant

алда

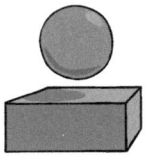

au-dessus

өстендә

sur

өстенә

en dessous

астында

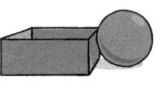

à côté de

янәшә

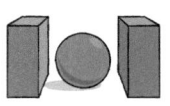

entre

арасында

endroit

урын